Para:

De:

Direção de projeto editorial: Lidia María Riba - María Nazareth Alves
Direção de arte: Paula Fernández
Tradução: Regina Maria Fonseca Ferreira
Preparação: Camila Bogéa
Design: María Inés Linares
Design de capa: María Natalia Martínez
Revisão: Jussara Lopes

Este livro foi publicado anteriormente com o título: *Por nossa amizade*

www.livropresente.com.br

Rua José Felix de Oliveira, 1205 – CEP 06708-645 – Granja Viana – Cotia – SP
Tel./Fax: (55-11) 4612-2866 • e-mail: editoras@livropresente.com.br

ISBN: 978-85-7683-277-5

Impresso na China • Printed in China

Dados Internacionais de Catalogação na Publicação (CIP)
(Câmara Brasileira do Livro, SP, Brasil)

Obrigado por sua amizade / Lucas M. Rubin; tradução Regina Maria Fonseca Ferreira. Cotia, SP : Vergara & Riba Editoras, 2011.

Título original: Gracias por tu amistad.
ISBN 978-85-7683-277-5

1. Amizade - Aforismos e apotegmas 2. Amizade - Citações, máximas etc. I. Rubin, Lucas M.

11-00441 CDD-808.882

Índices para catálogo sistemático:
1. Amizade: Citações: Coletâneas: Literatura 808.882
2. Amizade: Máximas: Coletâneas: Literatura 808.882

Obrigado por sua amizade

Lucas M. Rubin

V&R Editoras

Elogio da amizade

Como terá nascido a amizade?
Certamente de uma aliança
frente às adversidades.
Aliança sem a qual o homem
ficaria desarmado
para enfrentar a vida.

Milan Kundera

Meu amigo é um porto
onde passo as tempestades.
Um oásis verde em meio aos meus desertos.
Meu amigo é um vale repleto de flores
onde busco a cor e o aroma da vida.
Meu amigo é, às vezes, um silêncio insondável
que preciso respeitar.
Meu amigo é uma montanha de onde olho
sem cair. Meu amigo é o poço almofadado
onde caio sem me ferir.

TATO ORTEGA

A amizade é um tipo de amor
que leva à luz, à paz, à alegria profunda.
É um tipo de amor
que não decepciona nunca
e dá ao outro liberdade.

PHIL BOSMANS

Um sonho é apenas um sonho
quando o sonhamos a sós;
mas, se o sonhamos com nossos amigos,
pode ser o início de uma realidade.

HÉLDER CÂMARA

Amigo é aquele que nos ajuda
a descobrir nossa meta
e nos acompanha parte do caminho.

FRANCESCO ALBERONI

Nunca chegamos a um porto.
Mas, quando duas rotas amigas se encontram,
por um momento todo o mundo nos parece
como se o tivéssemos encontrado.

HERMANN HESSE

Que reconfortante é sentir-se a salvo
com alguém. Não ter que policiar
pensamentos nem medir palavras,
apenas deixá-los vir livremente,
como surgem juntos o joio e o trigo,
sabendo que uma mão fiel os colherá,
havendo de separá-los e
de guardar o que for valioso
e, com um sopro de compreensão,
lançar o resto ao vento.

DINAH MARIA MULOCK CRAIK

A luz do sol é para as flores o
que o sorriso é para os amigos.
São pequenas coisas,
é verdade, mas que, espalhadas
ao longo do caminho da vida,
brindam-nos com um bem que
não tem preço.

JOSEPH ADDISON

Na amizade há um pouco de todas
as relações e alguma coisa
que está acima de todas elas.
É um fio dourado que une o coração
de todos os corações do mundo.

JOHN STEINBERG

Mais que uma mão estendida,
mais que um sorriso, mais que a alegria
de um encontro, a amizade é a força espiritual
que recebemos ao descobrir
que há alguém que acredita e confia em nós.

ALICE WALTER

Devemos procurar amigos
como quem procura livros.
Acertar não depende que eles sejam
muitos, nem extraordinários,
mas poucos, bons e bem conhecidos.

MATEO ALEMÁN

O mundo parece vazio demais
se pensarmos somente em montanhas,
rios e cidades... Mas se houver alguém,
em algum lugar, que pensa em nós,
sente o que sentimos e que, mesmo distante,
está próximo em espírito, a Terra se torna
um jardim habitado.

JOHANN W. GOETHE

A amizade
é a renúncia de dois egoísmos
e a soma de duas generosidades.

JOAQUÍN A. PEÑALOSA

Um amigo nobre e bom
jamais nos será tirado
para sempre, pois deixará
um rastro luminoso em nossa vida...
Assim como as estrelas apagadas
há tempos ainda hoje são visíveis
para os habitantes da Terra.

THOMAS CARLYLE

Alguns dos momentos mais belos
e ricos de uma amizade acontecem
nos inusitados espaços que surgem
entre as atividades planejadas.
É importante deixarmos
que esses espaços existam.

CHRISTINE LEEFELDT

Não se pode impedir que alguém sofra;
não se pode substituir uma mãe ou um pai;
não há como se passar por
amante ou filho;
não se pode evitar que alguém cometa erros;
não há como impedir que o amor doa,
nem garantir que o amor ame...
Os amigos apenas ajudam
o espelho a nos devolver a imagem
de alguém amável.
Os amigos apenas fazem a vida valer a pena.

Aída Bortnik

A amizade conhece o tempo exato
das palavras e dos silêncios.

FERNÁNDEZ LAFUENTE

É um abraço de perdão,
um aplauso que estimula,
um encontro que reanima.
Um favor sem recompensa,
um dar sem exigir,
uma entrega sem calcular
e um esperar... sem cansaço.

CECILIA PRECIOSO

Não ser desejado nem querido,
ser esquecido por todos
é uma fome, uma pobreza maior
que aquela de quem nada tem para comer.
Mas basta um toque de amor
para curar a solidão, porque criar uma relação,
ter um amigo, consola essa fome.

MADRE TERESA DE CALCUTÁ

Entre amigos sempre há espaço
para sutis diferenças e semelhanças
que os levam a competir ou agradar o outro.
E também existe espaço para a decepção
e a admiração.

CHRISTINE DOWNING

Amigo é aquele que conhece você
como suas próprias veias o conhecem.
É aquele que se lembra de você, sabe
de você, te acompanha e te espera.

De você falo agora, meu amigo,
de você, que sempre aparece
quando choro minhas dores.

Alejandro Anderson

A amizade é tão desnecessária
quanto a filosofia,
tão supérflua quanto a arte...
Não garante a sobrevivência, mas,
na verdade, é dessas coisas
que fazem com que
a vida valha a pena.

C. S. Lewis

Pequena história de uma amizade

– Meu amigo não regressou
do campo de batalha, senhor.
Solicito permissão para procurá-lo.
– Permissão negada – replicou o oficial.
– Não quero que arrisque sua vida por
um homem provavelmente morto.
O soldado, ignorando a proibição,
saiu e, uma hora mais tarde,
regressou mortalmente ferido,
trazendo o cadáver do amigo.
O oficial estava furioso: – Eu lhe disse
que ele estava morto! Agora perdi dois homens!
Diga-me, valeu a pena sair
para trazer um cadáver?
E o soldado, moribundo, respondeu:
– Claro que sim, senhor! Quando o encontrei,
ainda vivia e pôde me dizer:
"João... eu tinha certeza que virias".

O valor da amizade

Se você tem um amigo
afetuoso, amável,
cordial e compreensivo,
cultive-o com esmero e atenção,
porque é um fruto doce,
muito doce, em um mundo
amargo, muito amargo.

M. Sarmiento Vargas

O canto do rio brota em seu leito
e dali se esparrama.
O fogo brota do coração da lenha
e dali se comunica e se propaga.
Se não há fogo nos troncos,
não há labareda entre eles.
Da mesma forma, é do coração
que brotam os sentimentos
que se propagam entre os corações.
A paz e a alegria estarão entre os amigos
se antes estiverem no coração
de cada um deles.

MAMERTO MENAPACE

Pode a distância nos separar
verdadeiramente dos amigos?
Se você quiser estar com alguém,
não está lá agora?
Se nossa amizade depende de coisas
como o espaço e o tempo, então,
quando finalmente os superarmos,
teremos destruído nossa própria irmandade!
Mas supere o espaço e nos restará
apenas um Aqui. Supere o tempo e nos restará
apenas um Agora. E entre o Aqui e o Agora,
você não acredita que poderemos
nos rever algumas vezes?

RICHARD BACH

Deixe seu amigo livre
como uma borboleta que, com asas leves,
voa de um coração a outro.
Se você prende uma borboleta,
ela não pode voar.
Se você prende um amigo, ele se asfixia.

PHIL BOSMANS

Companheira,
você sabe
que pode contar
comigo
não até dois
ou até dez,
mas contar
comigo de verdade.

MARIO BENEDETTI

O amigo é, sobretudo, alguém que não julga.
É quem abre a porta ao viajante
com todas as suas limitações – suas muletas,
seu cajado – e não lhe pede que dance
para julgar sua dança.

ANTOINE DE SAINT-EXUPÉRY

Meus amigos são a minha fortuna.
Rogo para que perdoem minha avareza
em monopolizá-los.

EMILY DICKINSON

A amizade consiste em esquecer o que damos
e lembrar o que recebemos.

ALEXANDRE DUMAS

Nem tão próximo do amigo
que bem querido se sabe,
nem tão distante do amigo
que ansiosamente nos reclama.

Compartilhar com o velho amigo
nossa moeda mais nova,
sofrer com o velho amigo
nossa queixa mais antiga.

Ernesto Abad y Soria

Diante da dúvida, confie em seu amigo.
Mais vale errar por amor
que por desconfiança.

Alfonso Milagro

A alegria da amizade

Derrube a parede que o isola
e com os tijolos construa
uma ponte para chegar
até o amigo.

Joaquín A. Peñalosa

Canto e dança. Música e luzes.
Movimento e ritmo.
Amigos. Grupo. Encontro. Alegria e reunião.

Fazemos festa porque sentimos a vida
e ela nos alegra.

Porque o amor que temos
nos impulsiona a nos encontrar.

Porque existimos, simplesmente,
e nos movimentamos e cantamos.

MIGUEL ORTEGA RIQUELME

O pesar pode cuidar de si mesmo,
mas para tirar todo o proveito de uma alegria
é preciso ter alguém com quem compartilhá-la.

MARK TWAIN

A cada dia é necessário querer ao amigo
com novo afeto,
observá-lo com nova atenção,
perdoá-lo com nova compreensão
e abrir as janelas da alma para que o vento
leve a poeira da rotina.

SARA BRONZINO

Um adolescente disse ao profeta:
fale-nos sobre a amizade. E ele respondeu:
que a amizade não tenha outra finalidade
além da evolução do espírito.
Pois o amor que procura outra coisa senão
a revelação de seu próprio mistério não é amor,
mas uma rede armada que só colherá o inútil.
E que o melhor de cada um de nós
seja para o amigo.
Se ele conhece sua maré baixa,
que conheça também a maré alta.
Pois, o que será do seu amigo,
se você o procurar somente para matar o tempo?
Procure-o sempre para as horas vivas.
Ele satisfará suas necessidades
e não seu vazio. Na doçura da amizade,
que haja risos e prazeres compartilhados.
Porque o coração encontra seu amanhecer
e se refresca no orvalho das pequenas coisas.

KHALIL GIBRAN

Para o espírito humano, um igual,
um companheiro, um coração compreensivo
é aquele que pode compartilhar
nossa forma de olhar a vida.
Aquele que, junto de nós, do nosso lado
na vitória e no desastre,
quebra o feitiço da nossa solidão.

HENRY MYERS

A verdadeira amizade se manifesta
quando, entre duas pessoas, o silêncio
resulta em algo quente e reconfortante.

DAVE TYSON GENTRY

Que a terra abra caminho
diante dos seus passos,
que o vento sopre sempre
às suas costas,
que o sol brilhe mornamente
sobre seu rosto,
que a chuva caia suavemente
em seus campos
e, até que voltemos
a nos encontrar,
que Deus te guarde
na palma de Sua mão.

BÊNÇÃO IRLANDESA

O que há de mais importante no mundo
é o gesto de sua mão apertando a minha.
Isso significa muito mais que a compaixão,
a hospedagem ou o pão e o vinho oferecidos.
Porque a hospedagem termina
quando a noite se vai
e o pão só dura um dia.
Mas o roçar da mão
e o som da voz
vivem para sempre na alma.

Spencer M. Free

Um homem pode bastar-se a si mesmo;
mas dez homens,
unidos por amizade e afeto,
seriam capazes de fazer
o que dez mil, isolados, não fariam.

THOMAS CARLYLE

Quero ser seu amigo para sempre,
sem descanso e sem desânimo.
Até que as colinas se aplainem
e sequem os rios;
até que troveje e caia a neve no verão.
Até que se juntem a terra e o céu,
não me afastarei de você.

TEXTO CHINÊS DO SÉCULO I D.C.

Neste dia um homem descobriu
o ouro e a fama.
Outro voou sobre mares turbulentos.
Um conseguiu deixar o mundo em chamas.
Outro descobriu o vírus
de uma doença.
Mas no meu destino também ocorreu
algo transcendente: porque eu, hoje,
encontrei um amigo.

Helen Baker Parker

A amizade não tem hora para nascer;
é uma tarefa contínua, que cresce sem pressa,
enorme construção que
não cede ante qualquer abalo.

James Boswell

Fica decretado que o homem
não precisará nunca mais
duvidar do homem.
Que o homem confiará no homem
como a palmeira confia no vento,
como o vento confia no ar,
como o ar confia no campo azul do céu.
O homem confiará no homem como
um menino confia em outro menino.

THIAGO DE MELLO

A abertura da alma a um amigo
produz dois efeitos contrários:
redobra as alegrias e divide os pesares
pela metade. Não há homem que,
ao compartilhar suas alegrias,
não as goze mais, nem que, ao compartilhar
seus pesares com o amigo,
não os lamente menos.

FRANCIS BACON

Nossa amizade começou
na nossa juventude.
Naquela época, compartilhávamos
sem limites os sonhos,
as ilusões, os medos e alguma loucura.
Depois, vieram a prudência, um ou outro
desengano e, abrindo caminho com esforço,
a maturidade. Nossas vidas já não eram
paralelas; diferentes interesses nos separaram
em alguma bifurcação, embora ainda
conseguíssemos nos ver quando a estrada
era tranquila. Mais tarde,
quase sem que percebêssemos,
chegou o silêncio. E outras vozes
substituíram nosso coro.
Contudo, nenhuma outra amizade ocupou
em minha vida o lugar da sua.
E muitas vezes acreditei escutar suas palavras
murmurando no vento. Por essas lembranças,
por sua presença que não diminuiu,
por nossa amizade, hoje te abraço
através do silêncio e da distância.

L. M. R.

Sua opinião é muito importante para nós!

Escreva um e-mail para
opiniao@livropresente.com.br
com o título deste livro no "Assunto".

www.livropresente.com.br